सफलता के मंत्र

जिंदगी और संघर्ष के अनुभव

संदीप कुमार एस

TRUE SIGN
PUBLISHING HOUSE

प्रकाशक : ट्रू साइन पब्लिशिंग हाउस

पता: जी-3, एचडीबी आर्केड, दूरसंचार नगर,

गुलमोहर भोपाल, मध्य प्रदेश-462039 भारत

ईमेल : truesignbooks@gmail.com

वेबसाइट : www.truesign.in

सफलता के मंत्र
जिंदगी और संघर्ष के अनुभव

लेखक: संदीप कुमार एस

संस्करण: 2025

मेरे पूज्यनीय माता-पिता

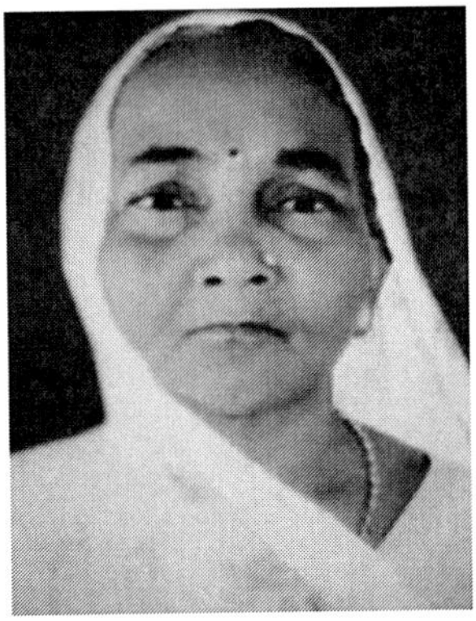

श्रद्धेया नौरंगी & राम खेलावन

प्रिय पाठकों आज मुझे अपने माता-पिता के बारे में आप लोगों से बताने में कुछ पल के लिए थोड़ी सी खुशी हो रही है और दूसरी तरफ मुझे इससे भी अधिक तकलीफ हो रही है क्योंकि मेरे दोनों जन्मदाता में से मेरी माँ अब इस संसार में नही रही मैंने हमेशा के लिए उन्हें खो दिया है। अब इस जीवन में मैं अपनी माँ को कभी नही देख पाऊँगा उनसे कभी नही मिल पाऊँगा।

मेरी माँ से मुझे मिलने में कोई मेरी मदद नही कर सकता है।

मैं अपने इस जीवन को माँ के द्वारा दिए गए जीवन को माँ के आँचल में समर्पित करता हूँ।

मैं अपनी माँ के द्वारा दिए गए इस जीवन के बदले उनका एहसान तो कभी नही चुका पाऊँगा लेकिन जब तक मेरे माँ के द्वारा बनाए गए इस शरीर में जान है तब तक मैं अपनी माँ के द्वारा बताए गए आदर्श सिद्धातों पर पूरी तरह चलने की कोशिश करूंगा।

मेरी माँ सिर्फ मेरी माँ नही थी बल्कि वह एक बहुत महान विचार और व्यक्तित्व की जननी थी।

कुछ लोगों के महानता के पीछे उनका खुद का संघर्ष होता है लेकिन मेरे योग्यता और महानता के पीछे मेरी माँ की सबसे बड़ी योग्यता और संघर्ष है।

लेखक के बारे में-

संदीप कुमार एस

वैज्ञानिक, लेखक, विचारक, सामाजिक विचारक, सामाजिक कार्यकर्ता, समाज सुधारक, शोधार्थी, शिक्षाविद्य, प्रेरक वक्ता, निर्देशक।

संदीप कुमार एस का जन्म 13 अगस्त 1991 में उत्तर-प्रदेश के आज़मगढ़ जिले में हुआ था।

उनके पिता सामाजिक विचारक, सामाजिक कार्यकर्ता, समाज सुधारक और राजनीतिज्ञ हैं और उनकी माँ एक अच्छी गृहिणी थी इनके बड़े भाई जो कि उत्तर-प्रदेश के राज्य कर्मचारी हैं।

इनके माता-पिता और इनका पूरा परिवार सामाजिक स्तर पर काम करने वाले लोगों मे से एक हैं जो कि समाज में फैली अनेक कुरीतियों को जड़ से उखाड़ फेंकने के लिए हमेशा सबसे आगे रहते हैं और माता-पिता के संस्कार और विचारों का असर संदीप कुमार एस के अंदर भी बखूबी मौजूद है।

लेखक ने अब तक 31 से भी अधिक पुस्तकें लिखी हैं और अब तक में उन्हें उनके इस महान योगदान के लिए उन्हें 23 से भी अधिक पुरस्कार और सम्मान (राष्ट्रीय और अंतर्राष्ट्रीय) के लिए चुना जा चुका है।

लेखक का सबसे बड़ा लक्ष्य है इस संसार में शिक्षा को फैलाना और इस संसार में संसार के लोगों के लिए कुछ शानदार योगदान देना।

लेखक ने अपनी प्रत्येक पुस्तक में पाठकों को कुछ शानदार और नया देने की कोशिश की है।

Spread Education In The World

संदीप कुमार एस की अन्य किताबें-

1. New English Spoken Part 1
2. New Perfect Competitive English Grammar
3. New English Spkoen Part 2
4. Word Power
5. New Competitive English Grammar
6. English Composition & Grammar
7. Hindi To English Translation
8. English Composition & it's Components
9. Golden Word Power
10. New English Speaking
11. Fundamental Components of English
12. Parts of Speech
13. Roots of English
14. Fundamental Terms And Components of English
15. New Modern English Grammar
16. What is Tense ?
17. भारत एवं विश्व रत्न बाबा साहब डॉ. भीम राव अंबेडकर का संघर्ष एवं जीवन परिचय
18. कलम का बादशाह

19. भारतीय संविधान के जनक

20. ज्ञान के प्रतीक

21. प्रेरणा

22. दलितों के मसीहा

23. बाबा साहब डॉ. भीम राव अंबेडकर

24. महानायक

25. भारत के सबसे बड़े मसीहा

26. Synonyms & Antonyms

27. Basic English Grammar

28. सफलता के मंत्र

29. जाति व्यवस्था और उसका प्रभाव

30. Motivation

31. मेरी माँ

32. आगे कुछ और भी विशेष विषय पर शोध चल रहा है।

इस संसार में जितने भी जीव हैं मनुष्य भी उनमें से एक है बस अंतर इस बात का है कि मनुष्य एक सामाजिक प्राणी है और सामाजिक प्राणी होने का सबसे बड़ा कारण है शिक्षा।

मनुष्य ने अपने आप को इतना विकसित कर लिया है कि आज के दौर में वो अपने अपने आप को इस संसार का मालिक समझता है।

मनुष्य इस पूरे संसार पर अपनी इच्छानुसार राज कर रहा है।

आप अपनी सोच को जितना ज्यादा विकसित करेंगे उतना ही आप इस संसार की वास्तविकता से परिचित होंगे।

लेखक को अब तक विभिन्न पुरस्कार और सम्मान के लिए चुना जा चुका है-

Author has selected for these awards till August 2023-

1. TPL Siksha Awards
2. Humanitarian Excellence Awards
3. Icons of Asia
4. Idial Indian Awards
5. India Book of Records
6. Top 100 Influential Indians
7. Ukiyoto Literary Awards
8. India Education Awards
9. Magic Book of Records
10. Indian Fabo Awards
11. Fox Story India's 100
12. The Progress Global Awards
13. The Glorious Brand Awards
14. Golden Book Award
15. Banga Gaurav Samman

16. India's Top 100 Educator Award
17. Indian CSR Awards
18. Research Excellence Award
19. Asian Education Awards
20. Young Researcher Award
21. International Excellence Awards
22. National Achiever's Award
23. Honorary Doctorate Awards

क्या आप जानते हैं इस संसार में बहुत सारे लोग हैं लेकिन प्रत्येक व्यक्ति इस संसार के बारे में नही सोचता है अधिकतर लोग सिर्फ स्वयं के जीवन जीने के बारे में ही सोचते हैं लेकिन बहुत ही कम लोग हैं जो कि अपने स्वयं के जीवन के अतिरिक्त इस संसार के बारे में भी सोचते हैं वे महान होते हैं लेकिन उनमें से भी कुछ ऐसे लोग होते हैं जो कि अपने स्वयं के जीवन के बारे में नही बल्कि सिर्फ इस संसार के बारे में सोचते हैं और पूरे संसार के लिए अपना जीवन जीते है वे सबसे महान होते हैं और ऐसे लोग इस संसार में बहुत ही कम लोग हैं।

पाठकों के लिए कुछ विशेष अंश-

जाति और जन्म से कोई महान नही होता बल्कि इंसान स्वयं खुद के कर्मो से महान होता है।

मानव बुद्धि का विकास मानव जीवन का सबसे बड़ा लक्ष्य होना चाहिए।

मानवता ही धर्म है। मानवता से बड़ा कोई धर्म नही है। मानवता से ही यह संसार चल रहा है जाति और धर्म से नही क्योंकि जाति और धर्म किसी क्षेत्र विशेष की चीजें होती है।

अपने जीवन में एक लक्ष्य बनाईये और उस लक्ष्य को पूरा करने के लिये अपनी पूरी ताकत लगा दीजिये निश्चित रूप से आप सफल होंगे।

संघर्ष मनुष्य को धैर्यवान और शक्तिशाली बनाता है।

किस्मत नाम के शब्द पर विश्वास करने से अच्छा होगा कि अपने खुद के मेहनत, इच्छा और आत्मविश्वास पर भरोसा करना। जो आपको आपकी सफलता पाने के लिये जिम्मेदार होते हैं। अगर आप अपनी मंजिल की तरफ एक कदम भी चलेंगे तो आपके मंजिल और आपके बीच की दूरी एक कदम कम हो जायेगी अर्थात आप अपने मंजिल के करीब हो रहे हैं और अगर आप एक कदम भी अपनी मंजिल की तरफ नही चलेंगे और इसी चीज को किस्मत पर छोड़ देंगे तो आपके और आपके मंजिल के बीच की दूरी कम नही होगी।

हमने जब से जन्म लिया है तब से लेकर हर रोज लगातार संघर्ष कर रहे हैं और हर एक मुश्किलों पर जीत हासिल करते चले जा रहे हैं। हम हर रोज थकते हैं और नई सुबह के इंतजार में बस एक आश लगाये बैठे रहते हैं कि नई सुबह आयेगी और नई उम्मीद लेकर आयेगी लेकिन कभी-कभी ऐसा होता है कि जब हम शायद कुछ ज्यादा ही थक जाते हैं और उम्मीदें टूटने लगती हैं और ऐसा महसूस होता है कि अब शायद हम कभी जीत नही सकते हैं। बस इसी को तो,हार कहते हैं। लेकिन हमें हारना नही है बल्कि हार को हराना है

ऐसी परिस्थितियों में घिरे होने के बावजूद भी हमें ऐसी परिस्थिति से शायद तुरंत बाहर निकलना ही सबसे ज्यादा महत्वपूर्ण होगा और फिर से अपने मंजिल के रास्ते पर चलना शुरु कर देना चाहिये और ऐसा साहस करना और विश्वाश होना ही सफल होने का मुख्य मार्ग है।

प्रिय पाठकों मैं अपने जीवन पर्यंत आप लोगों को

कुछ विशेष और शानदार देने की कोशिश करूंगा

डॉ संदीप कुमार एस

लेखक, शोधार्थी, प्रेरक वक्ता, महान विचारक और विश्व के सबसे बड़े युवा लेखक

सफल होने के महत्वपूर्ण बिन्दु

जीवन में आप जो कुछ भी करना चाहते हो उसके लिए आपके मन में पूर्ण इच्छा होनी चाहिए।

उस काम को करने के लिए अपने सपने को पूरा करने के लिए आपको अपने आप पर भरोशा होना चाहिए।

अपने काम को पूरा करने के लिए आपके पास धैर्य होना चाहिए।

आपको अपने सपने को पूरा करने के लिए अपने आप में दृढ़ निश्चय करना होगा।

अपने सपने को पूरा करते समय रास्ते में आने वाली मुश्किलों से लड़ने की क्षमता होनी चाहये।

आपको किसी तकलीफ को सहन करने की सहनशक्ति होनी चाहिए।

अगर इतने गुण आपके अंदर मौजूद हैं तो दुनिया की कोई ताकत आपको सफल होने से नही रोक सकती।

आज की इस भाग दौड़ भरी जिंदगी में हर कोई व्यस्त और तन्हा है आज के इस दौर में लोग तन्हा और दुखी हैं विशेष रूप से आज का युवा वर्ग सबसे ज्यादा तन्हा, निराश और हताश हैं आज का युवा वर्ग अपने करियर को लेकर काफी चिंतित रहता है बहुत से लोग अपने जीवन में बहुत कुछ बड़ा करना चाहते हैं लेकिन ऐसी बहुत सी परिस्थितियां आती है जो उन्हें अंदर तक तोड़ कर रख देती है और उन्हें समझ में नहीं आता कि क्या करना चाहिए क्या नहीं ऐसे समय में हर किसी को थोड़े से मोटिवेशन की जरूरत होती है क्योंकि मोटिवेशन हमारे लिए एक ऊर्जा की तरह काम करते हैं।

Motivation एक बहुत छोटा सा शब्द है लेकिन सही मायने में यह किसी के भी जीवन को बदल सकता है मोटिवेशन की इसी ताकत को पहचानकर

हमने आपके लिए कुछ चुनिंदा Motivational Success Quotes उपलब्ध करवाया है ताकि ये मोटिवेशनल कोट्स (Motivational Quotes in Hindi) आपके जीवन को नई ऊर्जा से भर दे और आप अपने जीवन में जिस भी लक्ष्य को प्राप्त करना चाहते हैं उस लक्ष्य को प्राप्त करने के लिए आपको हमेशा Motivate करता रहे।

Quote - 1

डूब कर मेहनत करो अपने आज में, ताकि कल जब उभरो सबसे अलग निखरो।

Quote - 2

अगर जिंदगी में कुछ अलग करना चाहते हो तो भीड़ का हिस्सा कभी भी मत बनो क्योंकि भीड़ साहस तो देता है मगर पहचान छिन लेता है।

Quote - 3

समझदार इंसान वो नहीं जो ईंट का जवाब पत्थर से दे, समझदार इंसान वह है जो उस फेंकी हुई ईट से अपना आशियाना बना ले।

Quote - 4

जहां कोशिशों का कद बड़ा होता है वहां नसीबों को भी झुकना पड़ता है।

Quote - 5

अगर आप उस इंसान की तलाश कर रहे हैं जो आपकी जिंदगी बदलेगा, तो आप आईने में देखिए क्योंकि आपके अलावा इस दुनिया का कोई भी इंसान आपकी जिंदगी नहीं बदल सकता।

हर उस चीज में Risk लो जो तुम्हारे सपने को सच करने में मदद करें।

कुछ भी Impossible नहीं है इस दुनिया में या तो आपकी संगति बुरी है या आपकी सोच छोटी है!

Quote - 6

ए मंजिल के मुसाफिर, हौसले की तरकस में मंजिल का वो तीर जिंदा रख, हार जाओ तुम जिंदगी में सब कुछ फिर भी जीतने की उम्मीद जिंदा रख।

Quote - 7

भाग्यशाली वे नहीं होते जिन्हें अपनी जिंदगी में सब कुछ अच्छा मिलता है, भाग्यशाली इंसान तो वे हैं जो उन्हें मिलता है उसी को वे अच्छा बना लेते हैं।

Quote - 8

हिम्मत मत खोना मेरे दोस्त क्योंकि अभी बहुत दूर जाना है, जिसने कहा था तेरे बस का नहीं उन्हें भी कुछ करके दिखाना है।

Quote - 9

जिंदगी में कुछ बनना ही है तो दीपक जैसा बनिए ताकि खुद जलकर भी दूसरों के घर में उजाला कर सको।

Quote - 10

जीवन मिलना भाग्य की बात है, मृत्यु होना समय की बात है, लेकिन मृत्यु के बाद भी लोगों के दिलों में जीवित रहना ये कर्मों की बात है।

Quote - 11

ऐ मेरे दोस्त मुस्कुराने की वजह न ढूंढ तू वरना जिंदगी यूं ही कट जाएगी, कभी बेवजह भी मुस्कुरा कर देख तेरे साथ तेरी जिंदगी भी मुस्कुराएंगी।

Quote - 12

जिंदगी में अगर कुछ बड़ा मिल जाए तो कभी छोटे को मत भूल जाना, क्योंकि जहाँ सुई का काम हो वहां तलवार काम नहीं आती।

Quote - 13

अगर आपको जिंदगी में सफल बनना है, तो सफल आदमी से ज्यादा असफल आदमी की कहानी पढ़ें, क्योंकि सफल आदमी की कहानी से आपकों सिर्फ सार मिलेगा लेकिन असफल आदमी की कहानी से आपकों सफल होने का ज्ञान मिलेगा।

Quote - 14

अगर आप जिंदगी में सफल होना चाहते हैं तो आप जिस काम को कर रहे हैं उसके प्रति सकारात्मक सोच रखें, क्योंकि लक्ष्य के प्रति नकारात्मक सोच असफलता का सबसे बड़ा कारण है।

Quote - 15

अगर कोई इंसान खामोश है तो इसका अर्थ यह नहीं है कि वह कमजोर है यह उसका बड़प्पन है, क्योंकि जिसको सहना आता है उसको कहना भी आता है।

Quote - 16

कामयाब होने के लिए एक तड़प होनी चाहिए, दुनिया में हर कोई कामयाब होना चाहता है लेकिन हर कोई कामयाब नहीं हो पाता, जिसके मन में अपने लक्ष्य के प्रति तड़प होता है कामयाबी उन्हीं को मिलती है।

Quote - 17

जिंदगी में किस्मत के भरोसे कभी मत बैठों, क्योंकि क्या पता कि किस्मत आपके भरोसे बैठी हो।

Quote - 18

अगर आप अपनी गलतियों के लिए खुद लड़ते हैं, तो इसका अर्थ यह है कि आपको कोई हरा नहीं सकता।

Quote - 19

ईमानदारी एक महंगी शौक है, जो हर किसी के बस की बात नहीं।

Quote - 20

जीतने की इच्छा सभी में होती है, लेकिन जीतने के लिए कठिन तैयारी बहुत ही कम लोग करते हैं।

Quote - 21

अगर आप सपने देखने की हिम्मत रखते हैं, तो आप इसे पूरा करने की भी हिम्मत रखते हैं।

Quote - 22

आज थोड़ा मुश्किल है, लेकिन कल थोड़ा बेहतर जरूर होगा, बस उम्मीद मत छोड़ना मेरे दोस्त, तेरा भविष्य एक दिन जरूर बेहतरीन होगा।

Quote - 23

जिन्होंने मुझे ठुकरा दिया मेरा वक्त देख कर, में कसम खाता हूं, एक दिन ऐसा वक्त लाऊंगा की मुझसे मिलना पड़ेगा उन्हें वक्त लेकर...

Quote - 24

जिंदगी में हमेशा आपको मुस्कुराने की वजह नहीं मिलेगी, लेकिन आपकी मुस्कान दूसरों की मुस्कान की वजह जरूर बनेगी।

Quote - 25

आपकी जिंदगी का हर एक छोटा बदलाव एक बड़ी कामयाबी का हिस्सा है।

Quote - 26

आदमी छोटा है या बड़ा इससे कोई फर्क नहीं पड़ता, लेकिन आदमी की सोच छोटी है या बड़ी इससे बहुत फर्क पड़ता है।

Quote - 27

जीवन में कभी भी किसी को बेकार मत समझना, क्योंकि एक बंद पड़ी हुई घड़ी भी 24 घंटे में दो बार सही समय दिखाती है।

Quote - 28

नकारात्मक लोगों से हमेशा दूर रहे, क्योंकि नकारात्मक लोगों को परेशानी दिखती है उसका समाधान नहीं।

Quote - 29

ना यार बड़ा, ना प्यार बड़ा, जरूरत के समय जो काम आए वह इंसान बड़ा।

Quote - 30

जीवन में सब कुछ दोबारा मिल सकता है लेकिन वक्त दोबारा नहीं मिल सकता, इसलिए अपने वक्त को सोच समझकर खर्च करें।

Quote - 31

वो करो जो तुमहारा दिल कहे, वो नहीं जो लोग कहे...

Quote - 32

आपका मौन रहना उस व्यक्ति के लिए आपका सबसे अच्छा उत्तर है, जो आपके शब्दों को महत्व नहीं देता।

Quote - 33

जिंदगी में हमेशा सही के साथ खड़े रहे भले ही आपको अकेला ही क्यों न रहना पड़े।

Quote - 34

इस दुनिया की कोई भी डिग्री आपका भविष्य सुनिश्चित नहीं कर सकता, आपको अपना भविष्य सुनिश्चित करना पड़ेगा।

Quote - 35

एक इच्छा से कुछ नहीं 'बदलता', लेकिन एक दृढ़ निश्चय इस पूरी दुनिया को बदल सकता है।

Quote - 36

जिंदगी की सुंदरता इस बात से नहीं है कि आप जिंदगी में कितना खुश रहते हैं, बल्कि इस बात से है कि कितने लोग आपकी वजह से खुश रहते हैं।

Quote - 37

असफलता भले ही जीवन में नकारात्मकता लाती है, परंतु सफलता के महत्व के बारे में जानने के लिए असफलता का ज्ञान होना जरूरी है।

Quote - 38

सर्वप्रथम आप अपने कठिन कामों को पूरा कीजिए आपका आसान का खुद-ब-खुद पूरा हो जाएगा।

Quote - 39

अपने आप की तुलना कभी किसी से मत करे, यदि आप ऐसा कह रहे हैं तो आप अपने आप को बेइज्जत कर रहे हैं।

Quote - 40

"हैसियत"आसमान जैसी होनी चाहिए, क्योंकि जमीन कितनी भी महंगी क्यों ना हो लोग खरीद ही लेते हैं।

Quote - 41

जिस प्रकार शतरंज में वजीर मर जाने से खेल खत्म हो जाता है, उसी प्रकार जिंदगी में ज़मीर मर जाने से उसका भी खेल खत्म हो जाता है।

Quote - 42

जिंदगी में ऐसा बनों कि लोग आपके आने का इंतजार करें, जाने का नही!

Quote - 43

जिंदगी में दौलत का होना जरुरी नहीं है लेकिन जिंदगी में सुकून का होना बहुत जरूरी है।

Quote - 44

जिनके पास अपने सपनों को पूरा करने के दृढ़ संकल्प होता है, कोई भी परिस्थिति उन्हें उनके सपनों को पूरा करने से नहीं रोक सकता। जिनके पास बहाने नहीं होते अक्सर वही लोग कामयाब होते हैं।

Quote - 46

समझदार व्यक्ति कभी इतिहास नहीं रचता वह केवल इतिहास को पढ़ता है, इतिहास वही रचता है जो अपने लक्ष्य के प्रति पागल और जिद्दी होता है।

Quote - 47

मुकाबला ऐसे करो कि अगर हार भी जाओ तो, जीत से ज्यादा तुम्हारे हार के चर्चे हो।

Quote - 48

आपकी सोच आपके कर्मों को निर्धारित करती है और आपका कर्म ही आपके भविष्य को निर्धारित करती है इसलिए हमेशा अच्छा सोचिए।

Quote - 49

जिंदगी बनानी है तो 'Girls' पर नहीं अपने"Goals"पर फोकस करो क्योंकि आज से 5 साल बाद कोई आपसे ये नहीं पूछेगा कि आपकी गर्लफ्रेंड है या नही बल्कि हर कोई आपसे ये पूछेगा कि इस दुनिया में तेरी हैसियत क्या है।

Quote - 50

सफलता का महल केवल और केवल कर्म की नींव पर खड़ा होता है।

Quote - 51

कमजोर व्यक्ति हमेशा भीड़ में होता है लेकिन एक बुद्धिमान आदमी हमेशा अकेला होता है।

Quote - 52

जिंदगी में हर मौके का फायदा उठाओ, लेकिन किसी की मजबूरी का कभी फायदा मत उठाना क्योंकि जिंदगी अगर मौका देती है तो धोखा भी देती है।

Quote - 53

अपने लिए नहीं तो उन लोगों के लिए कामयाब बन जाओ जो तुम्हें असफल देखना चाहते हैं!

Quote - 54

किताबों से लगाव रखिए जनाब, यकिन मानिये जिन्दगी मे कभी ठोकर नही खाना पडेगा!

Quote - 55

अगर जिंदगी मिली है तो कुछ करके दिखाओ अगर वक्त खराब है तो उसे बदल कर भी दिखाओ।

Quote - 56

जो व्यक्ति दृढ़ निश्चय वाला होता है वह अपने लक्ष्य को कभी नहीं बदलता, बल्कि उस लक्ष्य को प्राप्त करने के लिए हर संभव प्रयास करता है।

Quote - 57

सत्य की खोज में हूं इसलिए शांत और मौन हूँ

राहगीर हूं मैं सच का इसलिए खुद में ही व्यस्त हूँ।

Quote - 58

हुनर तो सब में होता है लेकिन बस फर्क सिर्फ इतना है कि

किसी का छिप जाता है तो किसी का छप जाता है।

Quote - 59

भले ही जिंदगी मुश्किलो से भरी हुई है लेकिन हौसला भी तुम्हें खुद ही भरना है, मुश्किले तो हर इंसान पर आती है बस फर्क सिर्फ इतना है कि कोई इन मुश्किलों के कारण निखर जाता है तो कोई बिखर जाता है।

Quote - 60

जिस तरह पानी में गिरने से किसी की जान नहीं जाती, जान उनकी जाती है जिन्हें तैरना नहीं आता,उसी प्रकार परिस्थितियां कभी समस्या नहीं बनती, यह समस्या तब बनती है जब हमें इससे निपटना नहीं आता।

Quote - 61

मैदान से हारा हुआ इंसान फिर भी जीत सकता है, लेकिन जो इंसान मन से हार जाता है वह कभी भी जीत नहीं सकता

Quote - 62

यूं ही नहीं मिलती राही को मंजिल, एक जुनून सा दिल में जगाना पड़ता है।

पूछा चिड़िया से किसी ने कैसे बना लेते हो इतना सुंदर आशियाना, बोली चिड़िया ने, भरनी पड़ती है उड़ान बार-बार, तिनका - तिनका उठाना पड़ता है।

Quote - 63

अच्छे कपड़े पहनने से कोई आदमी बड़ा नहीं होता,

बड़ा तो वो होता है जो अच्छे विचार रखता हो।

Quote - 64

अपनी सोच को हमेशा सकारात्मक रखना, क्योंकि लक्ष्य के रास्ते में बहुत से नकारात्मक लोग आपको आपके लक्ष्य से भटकाने का प्रयास करेंगे।

Quote - 65

इस दुनिया में कुछ भी असंभव नहीं है, अगर आपने ठान लिया है तो आप असंभव को भी संभव बना सकते हैं!

Quote - 66

जिनके हौंसले बुलंद होते हैं और जिनके सपनों में जान होती है वे कभी हार नहीं मानते!

Quote - 67

जिसको तैरना सीखना हो उसे पानी में उतरना ही पड़ेगा,

क्योंकि किनारे पर बैठकर कोई गोताखोर नहीं बन सकता।

Quote - 68

जिंदगी में खुशी के लिए काम करोगे तो आपको खुशी नहीं मिलेगी लेकिन यदि आप खुश होकर काम करोगे तो निश्चित रूप से आपको खुशी मिलेगी।

Quote - 69

समय के साथ बदलने का हुनर तो हर कोई रखता है, जनाब लेकिन मजा तो तब है जब आप अपने हुनर से अपने समय को ही बदल दे।

Quote - 70

जिस प्रकार एक बीज को कितना भी मिट्टी में दबाएं है वह मिट्टी का सीना चीर कर उग जाता है, उसी प्रकार मेहनती इंसान को कोई कितना भी दबाएं वह आगे बढ़ जाता है।

Quote - 71

इंसान का असली चरित्र तब सामने आता है, जब वह नशे में होता है चाहे वह नशा शराब का हो, पैसे का हो, पद का हो या रूप का हो।

Quote - 72

जिंदगी में समस्याओं से सामना होना बहुत जरूरी है, क्योंकि यह समस्याएं ही हमें सफलता प्राप्त करने के लिए मजबूत बनाती है।

Quote - 73

अगर आप सपने देखने की ताकत रखते हैं तो आप उसे पूरा करने की भी ताकत रखते हैं।

Quote - 74

खुद के सपनों के पीछे इतना भागो की एक दिन तुम्हें पाना भी किसी का सपना बन जाए।

इस दुनिया में नामुमकिन कुछ भी नहीं आप वे सब कर सकते हैं, जो आप सोच सकते हैं, और आप वे सब सोच सकते हैं जो आपने इससे पहले कभी नहीं सोचा।

Quote - 76

किस्मत के दरवाजे पर सर पीटने से सफलता के दरवाजे नहीं खुलते, इसके लिए अपनी मेहनत से तूफान पैदा करना पड़ता है इससे दरवाजे अपने आप खुल जाएंगे।

Quote - 77

अगर मेहनत को आदत बना लिया जाए, तो कामयाबी 'मुकद्दर 'बन जाती है

Quote - 78

अपनी जिंदगी में अच्छा दिन लाने के लिए पहले आपको बुरे दिनों से लड़ना होगा।

Quote - 79

अगर जिंदगी में कामयाब होना चाहते हो तो दुसरो की बातों पर नहीं अपने काम पर ध्यान लगाएं।

Quote - 80

जिंदगी में इंतजार नहीं कोशिश कीजिए जनाब क्यूकि इंतजार करने वालों को उतना ही मिलता है जितना कोशिश करने वाले छोड़ देते हैं!

Quote - 81

जो व्यक्ति अपने कदमों की काबिलियत पर भरोसा रखते हैं,

वही अक्सर अपनी मंजिल पर पहुंचते हैं।

Quote - 82

जिंदगी में कुछ बड़ा करना चाहते हो तो, लोगों की छोटी-छोटी बातों पर ध्यान देना छोड़ दो।

Quote - 83

जिंदगी में प्रयास जरूर कीजिए क्योंकि अगर लक्ष्य नही मिलेगा तो अनुभव जरूर मिलेगा, लक्ष्य और अनुभव दोनों ही अमूल्य है।

Quote - 84

उड़ान तो भरना है चाहे सपनों को पूरा करने के लिए कितनी बार ही क्यों ना गिरना पड़े, चाहें खुद से भी क्यों न लड़ना पड़े।

Quote - 85

अगर सफलता प्राप्त करना चाहते हो तो लक्ष्य पर ध्यान केंद्रित करो distraction पर नहीं।

Quote - 86

उस खेल को मत खेलो जिसमें आपका जितना निश्चित हो क्योंकि जीतने का मजा तो उसमें है जिसमें हारने का Risk हो

Quote - 87

जब तक आप अपनी कठिनाइयों और समस्याओं की वजह दूसरों को मानते रहेंगे तब तक आप अपनी कठिनाइयों और समस्याओं को मिटा नहीं पाएंगे।

Quote - 88

जिंदगी में तपिश कितनी ही क्यों ना हो कभी उदास मत होना मेरे दोस्त, क्योंकि धूप कितनी ही तेज क्यों ना हो कभी भी समंदर को नहीं सुखा सकती।

Quote - 89

परिणाम कभी भी आपकी सोच के अनुरूप नहीं हो सकता, वह तो हमेशा आपकी मेहनत के अनुरूप होता है

Quote - 90

परिंदे को मंजिल मिलेगी यकीनन यह उसके फैले हुए पंख बोलते हैं, अक्सर वे लोग खामोश रहते हैं जिनके पास हुनर होते हैं।

Quote - 91

अगर Race लंबी हो तो यह मायने नही रखता है कि कौन कितना तेज भाग रहा है, बल्कि यह सबसे ज्यादा मायने रखता है कि कौन कितनी देर तक भाग रहा है।

Quote - 92

आपकी कर्म ही आपकी पहचान है, वरना एक नाम के तो इस दुनिया में लाखों इंसान हैं।

Quote - 93

अगर मेहनत सच्ची और नियत अच्छी हो तो कामयाबी जरूर मिलती है!

Quote - 94

अगर जीत निश्चित हो तो कायर भी जंग लड़ सकते हैं, बहादुर तो वे हैं जो हार का पता होने के बावजूद भी लड़ना नहीं छोड़ते।

Quote - 95

आपके पास जो भी है उसकी कद्र करो, क्योंकि यहां आसमां के पास भी उसकी खुद की जमीं नहीं है।

Quote - 96

जिंदगी में हमेशा जिद ऐसा करो कि जो लिखा नहीं है मुकद्दर में उसे भी हासिल कर सको।

Quote - 97

देर से बनो लेकिन जिंदगी में कुछ बनो जरूर, क्योंकि समय के साथ जमाना खैरियत नहीं हैसियत पूछता है।

Quote - 98

कोई नामुमकिन सी बात को तु मुमकिन कर के तो दिखा,

खुद पहचान लेगा जमाना तुझे भीड़ से तू अलग चलकर तो दिखा।

Quote - 99

दुनिया का सबसे अच्छा गहना 'परिश्रम' है,

और दुनिया का सबसे अच्छा जीवन साथी 'आत्मविश्वास' है।

Quote - 100

लोगो की निंदा से घबराकर अपने 'लक्ष्य' को कभी मत बदलिए क्योंकि 'लक्ष्य' मिलते ही लोगों की राय बदल जाती है।

हमारी जिंदगी का हर एक छोटा बदलाव बड़ी कामयाबी का हिस्सा है।

Quote - 102

अगर आप सफलता की सीढ़ी पर चढ़ना चाहते हैं, तो आपको रास्ते में कई सारे असफलताओं की सीढ़ी पर भी चढ़ना होगा।

Quote - 103

अपनी जिंदगी में एक ही लक्ष्य बनाएं और उस लक्ष्य को पूरा करने के लिए अपनी पूरी जी जान लगा दे निश्चित रूप से आप सफल होंगे।

Quote - 104

सफलता की सबसे खास बात यह कि वह मेहनत करने वालों पर फिदा हो जाती है।

Quote - 105

अगर जिंदगी में सफलता प्राप्त करना इतना सरल होता तो इस दुनिया में हर कोई सफल होता।

Quote - 106

लिखने वाले अपनी 'तकदीर 'टूटी हुई कलम से भी लिख देते हैं।

Quote - 107

अगर आप जिंदगी में सफल होना चाहते हैं तो तीन चीजें सबसे ज्यादा जरूरी है, लक्ष्य, कठिन परिश्रम और धैर्य!

Quote - 108

बुद्धिमान इंसान कभी भी इतिहास नहीं रचा करते इतिहास रचने के लिए थोड़ा सा पागल बनना पड़ता है।

Quote - 109

अगर जिंदगी में सफल होना चाहते हो तो एक समय में एक काम करो और उस समय उस काम को करते समय उसमें अपनी पूरी जान लगा दो।

Quote - 110

जिंदगी में सफल होने के लिए बहुत ज्यादा बुद्धिमान होने की जरूरत नहीं है बल्कि इसके लिए बस थोड़ा सा पागलपन होना जरूरी है!

Quote - 111

सफल इंसान कभी भी भीड़ का हिस्सा नहीं होते।

Quote - 112

जिन्हें अपने आप पर और अपने काम पर भरोसा है जिंदगी में सफल वही होते हैं!

Quote - 113

अगर खुद की पहचान बनानी है तो भीड़ में नही अकेले चलना पड़ेगा।

Quote - 114

अगर आप सोने की तरह चमकना चाहते हैं तो पहले सोने की तरह खुद को आग में जलाना पड़ेगा।

Quote - 115

जितना कठिन परिश्रम होगा जीत उतनी ही शानदार होगी।

Quote - 116

अगर आपको लगता है कि आपका कोई भी दुश्मन नहीं है तो थोड़ा सा कामयाब होकर देखिए आपके सामने दुश्मनों की कितनी बड़ी फौज तैयार हो जाएगी।

Quote - 117

बारिश की बूंदे भले ही छोटी होती है लेकिन उनका लगातार बरसना बड़ी-बड़ी नदियों का बहाव बन जाता है उसी तरह आपके छोटे - छोटे परिवर्तन एक दिन आपकी जिंदगी में बड़ा परिवर्तन ला सकते हैं।

Quote - 118

आप बार-बार हारने के बाद भी आप जीत के लिए कड़ी मेहनत कर रहे हैं तो निश्चित रूप से आपको एक दिन बहुत बड़ी सफलता मिलेगी।

Quote - 119

अंधेरे से मत डरा कर ये मंजिल के मुसाफिर क्योंकि सितारे भी अंधेरे में ही चमकते हैं। इस जिंदगी में आप जो भी करना चाहते हो एक जुनून के साथ करो।

Quote - 121

आलसी लोग हमेशा बहाने बनाते हैं, लेकिन जो लोग सफलता के लिए पागल होते हैं वे किसी भी परिस्थिति में केवल मेहनत करने पर विश्वास रखते हैं।

Quote - 122

अगर नशा करना है तो मेहनत का करो ताकि बीमारी भी आपको Success की लगे।

Quote - 123

जिस प्रकार पतझड़ के बिना पेड़ पर नये पत्ते नहीं उगते उसी तरह कठिनाई और संघर्षो के बिना किसी के भी अच्छे दिन नहीं आते।

Quote - 124

जब लोग आप से खफा होने लगे तो समझ जाइए कि आप बिल्कुल सही राह पर है।

Quote - 125

हार और जीत दोनों ही आपकी सोच पर निर्भर है अगर मान लो तो हार है ओर अगर ठान लो तो जीत है।

Quote - 126

अगर आप जीवन में सफलता प्राप्त करना चाहते हैं तो मेहनत पर विश्वास रखें किस्मत पर नहीं क्योंकि किस्मत की आजमाईश जुएं में होती है।

Quote - 127

आपको अपने लक्ष्य में जहां तक दिखाई दे रहा है वहां तक जाने की कोशिश कीजिए क्या पता आगे का रास्ता वहां जाने के बाद दिखाई दे।

Quote - 128

कौन कहता है 'कामयाबी 'किस्मत से मिला करती है अगर इरादों में दम हो तो मंजिलें भी झुका करती है।

Quote - 129

जो इंसान कहता है कि उसने Life में कभी गलती नहीं की,

इसका अर्थ यह है कि उसने अपने जीवन में कभी कुछ नया करने की कोशिश नहीं की।

Quote - 130

खुद को इतना बेहतर बनाओ कि जिस इंसान ने भी आपको कभी ठुकराया है वह आपकी एक झलक देखने के लिए तरस जाए।

Quote - 131

जिंदगी में सफल होने के लिए हर काम में बेहतर होना जरूरी नहीं है बस एक काम में बेहतर बनिए और उस काम में इतना बेहतर बनिए कि कोई भी उस काम को आप से बेहतर ना कर सके।

Quote - 132

ऐ मंजिल के मुसाफिर क्यों होते हो परेशान तुम्हारी मेहनत एक दिन जरूर रंग लाएगी सिर्फ हौसला बुलंद रख तू कामयाबी एक दिन तेरे पैर चुमेगी।

Quote - 133

अक्सर वही इंसान अकेलेपन से गुजरता है, जो इंसान अपनी जिंदगी में सही फैसलों को चुनता है।

Quote - 134

शायद आपके हाथों की लकीरें आपको अपनी मंजिल तक ना पहुंचा पाए, लेकिन आपकी मेहनत एक दिन जरूर आपको अपनी मंजिल तक पहुंचा देगी।

Quote - 135

दुनिया का कोई भी इंसान इतना अमीर नहीं है कि अपने बीते हुए कल को खरीद सके और

इस दुनिया का कोई भी इंसान इतना गरीब नहीं है कि अपने आने वाले कल को ना बदल सके।

Quote - 136

मेहनत इतनी खामोशी से करो कि आपकी कामयाबी शोर मचा दे।

Quote - 137

जो लोग जीत के लिए पागल होते हैं वह कभी भी हार से नहीं घबराते।

Quote - 138

ना पूछ मेरी मंजिल कहां है, अभी तो सफर का इरादा किया है। ना हारूंगा हौसला चाहे कुछ भी हो जाए, ये मैंने किसी और से नहीं अपने आप से वादा किया है।

Quote - 139

अपनी नजर हमेशा उसपर मत रखो जिसे तुम खो चुके हो नजर हमेशा उस चीज पर रखो जिसे तुम पाना चाहते हो।

Quote - 140

सही करने की भी हिम्मत केवल उन्हीं के पास होते हैं जो गलती करने से नहीं डरते।

Quote - 141

अपनी पीठ को हमेशा मजबूत रखो क्योंकि शाबाशी और धोखा दोनों ही पीठ पीछे ही मिलते है।

Quote - 142

आपको सफलता तब मिलेगी जब आपके सपने आपके बहानो से बड़े होंगे।

Quote - 143

सपने वो नहीं है जो आप नींद में देखते हैं बल्कि सपने वो है जो आपको सोने नहीं देते।

Quote - 144

तरक्कियों की दौड़ में उसी का जोर चल गया, बना के रास्ता जो भीड़ से निकल गया।

Quote - 145

ऐ मंजिल के मुसाफिर कभी हौसला मत खोना क्या पता मंजिल भी तेरे हौसलों का इम्तिहान ले रही हो।

Quote - 146

अगर आपकी मेहनत आदत बन जाए तो आपकी कामयाबी मुकद्दर बन जाएगी।

Quote - 147

घर की कुछ जिम्मेदारियां उड़ा देती है रात की नींदों को, क्योंकि रात में जागने वाला हर कोई आशिक नहीं होता।

Quote - 148

यदि आपको किसी काम को करने में डर लग रहा है तो याद रखना वह काम बहुत ही बहादुरी भरा है।

Quote - 149

एक बात हमेशा याद रखिए कि यदि आप सफलता की सीढ़ी पर चढ़ना चाहते हैं तो आपको रास्ते में बहुत सारी असफलताओं की सीढ़ी पर भी जाना पड़ेगा!

Quote - 150

अगर आप अपनी जिंदगी को समझना चाहते हैं तो अपने पीछे देखें, और अगर आप अपनी जिंदगी को जीना चाहते हैं अपने आगे देखें!

Quote - 151

एक बड़ा नौकर बनने से अच्छा है कि एक छोटा सा मालिक ही बन जाओ!

Quote - 152

अपने सपनों को पूरा करने के लिए समझदार नहीं पागल बनना पड़ता है।

Quote - 153

किसी भी काम की शुरुआत करने के लिए आपको महान होने की जरूरत नहीं है बल्कि महान बनने के लिए आपको शुरुआत करने की जरूरत है।

Quote - 154

अगर हौसला बुलंद हो तो तकदीर भी सलाम करती है।

Quote - 155

हमेशा अकेले खड़े रहने का साहस रखो क्योंकि ये दुनिया हमेशा ज्ञान देती है, साथ नही।

Quote - 156

मुस्कुराना सीखिए जनाब, क्योंकि रोना तो जिंदगी पैदा होते ही सिखा देती है।

Quote - 157

वक्त कितना भी परेशान कर ले तू मुझे, लेकिन एक बात मेरी याद जरूर रख कि एक दिन किसी मोड़ पर मैं तुझे जरूर पटक दूंगा।

Quote - 158

कोई नामुमकिन सी बात को मुमकिन करके तो दिखा, खुद पहचान लेगा जमाना तुझे भीड़ से तू अलग हटकर तो दिखा।

Quote - 159

क्यो रूक जाते हो चार दिन की मेहनत के बाद अरे वक्त लगता है, बीज को फसल बनने में।

Quote - 160

ये जिन्दगी एक खेल है यदि आप इसे एक बेहतर खिलाड़ी की तरह खेलते हैं तो आप इस खेल को जीत सकते हैं।

रख हौसला वो मंजर भी आयेगा, प्यासे के पास चल के समन्दर भी आयेगा, थक कर न बैठ ऐ मंजिल के मुसाफिर, मंजिल भी मिलेगी और मिलने का मज़ा भी आयेगा।

Quote - 162

हिम्मत ना खोना अभी तो तुझे बहुत आगे जाना है जिन्होंने कहा था तुझे तेरे बस का नहीं उन्हें भी कुछ करके दिखाना है।

Quote - 163

जिंदगी का दूसरा नाम ही संघर्ष है इस जिंदगी से जीता वही है जो संघर्ष की राह पर चला है।

Quote - 164

परवाह मत करो इस दुनिया की, कि लोग क्या कहेंगे क्योंकि तुम्हारे घर के खर्चे भी तुम्हीं को उठाने हैं किसी और को नहीं।

Quote - 165

अगर आपका बुरा वक्त चल रहा है तो घबराइए मत, क्योंकि बुरा वक्त एक ऐसी तिजोरी है जहां से सफलता की चाबी मिलती है।

Quote - 166

वक्त को भी बदल कर दिखाएंगे, मेहनत इतनी करेंगे कि एक दिन कामयाबी को भी अपने कदमों में ले आएंगे।

Quote - 167

समस्या देखकर जीवन में हार मत मानो। क्या पता इसी समस्या के अंदर तुम्हारी महान शुरुआत छिपी हुई हो,

क्योंकि एक समस्या अक्सर एक बड़ी शुरुआत भी लेकर आती है!

Quote - 168

इस दुनिया की कोई भी परेशानी आपकी हिम्मत से बड़ी नहीं है।

Quote - 169

दौलत तो विरासत में भी मिल जाती है लेकिन पहचान अक्सर खुद बनानी पड़ती है।

Quote - 170

सलाह की सौ शब्दों से ज्यादा, अनुभव की एक ठोकर इंसान को ज्यादा मजबूत बना देती है।

Quote - 171

मेहनत हमेशा सीढ़ियों की तरह होती है और भाग्य लिफ्ट की तरह, लिफ्ट से भले ही आप जल्दी पहुंच जाएं लेकिन इसका कोई भरोसा नहीं! क्योंकि लिफ्ट किसी भी समय बंद हो सकता है लेकिन सीढ़ियां आपको आपकी मंजिल तक जरूर पहुंचा देगा बस सर्त यह है कि केवल आप हार न मानें।

Quote - 172

अपने हाथों की लकीरों पर कभी भरोसा मत करना क्योंकि तकदीर उनकी भी होती है जिनके हाथ नहीं होते।

Quote - 173

जब तक आप जीत नहीं जाते तब तक किसी को आपकी कहानी में कोई Interest नहीं आएगा इसलिए पहले इस दुनिया को जीत के दिखाओ।

Quote - 174

थोड़ा वक्त जरूर लगेगा लेकिन अपनी किस्मत हम खुद लिखेंगे।

Quote - 175

जिंदगी कभी भी आसान नहीं होती बल्कि खुद को ही मजबूत बनाना पड़ता है, सही समय कभी नहीं आता बस समय को ही सही बनाना पड़ता है।

Quote - 176

जिंदगी में एक लंबी उड़ान तो भरना है चाहे कई बार गिरना पड़े अपने सपनो को पूरा करना है चाहे खुद से भी लड़ना पड़े।

Quote - 177

खुद को इतना काबिल बनाओ कि कोई भी ये ना बोल सके कि मेरे बिना तेरा क्या होगा।

Quote - 178

ज़िन्दगी मिली है तो कुछ करके दिखाओ अगर वक्त खराब है तो उसे बदल कर भी दिखाओ।

Quote - 179

संघर्ष इंसान को मजबूत बनाता है चाहे वो कितना भी कमजोर क्यों न हो।

Quote - 180

जिंदगी में पछतावा करना छोड़िए और कुछ ऐसा करिए कि लोग आपको छोड़कर पछताएं।

Quote - 181

जो आपके भावनाओं को समझ कर भी आपको तकलीफ देता हो वह कभी भी आपका अपना नहीं हो सकता।

Quote - 182

खेल कोई भी खेलो दिमाग से खेलना, क्योंकि अगर दिल से खेलोगे तो हार जाओगे।

Quote - 183

जिंदगी में बुरे वक्त पर दिया गया किसी का भी साथ कामयाबी में मिली, तालियों से कई गुना ताकतवर होता है।

Quote - 184

मंजिल उनकी अक्सर आसान हो जाती है जिनका हौसला ऊंचा होता है!

Quote - 185

जिंदगी में तपिश कितनी भी हो कभी हताश मत होना क्योंकि धूप कितनी ही तेज क्यों न हो समंदर कभी सुखा नही करते।

Quote - 186

अंधेरी ही रात तो क्या हुआ, ऊंचे हैं ख्वाब तो क्या हुआ जुनून भी रखता हूं, आसमां में उड़ने का।

Quote - 187

हमेशा टूटने का मतलब खत्म नही होता, कभी - कभी टूटने से जिंदगी की शुरुआत होती है।

Quote - 188

जब तक तुम कुछ नहीं बनोगे तब तक ना कोई तुम्हें इज्जत देगा और ना कोई तुम्हारी सुनेगा।

Quote - 189

कुछ अलग करना है तो भीड़ से अलग हटकर चलों, क्योंकि भीड़ साहस तो देती है पर पहचान छिन लेती है।

Quote - 190

सीढ़ियों की जरूरत उन्हें है जिन्हें छत तक जाना है, मेरी मंजिल तो आसमान है इसलिए रास्ता भी मुझे खुद ही बनाना है। तराशियें खुद को इस कदर इस जहां में ताकि, पाने वाले को नाज और खोने वाले को अफसोस रहे।

Quote - 192

जिंदगी में आगे बढ़ना है तो बहरे बन जाओ क्योंकि लोग वही बोलेंगे जिससे आपका मनोबल कम होगा।

Quote - 193

कोई नहीं देगा तेरा साथ यहां, तुझे लड़ना भी खुद है और संभलना भी खुद ही है।

Quote - 194

सफल वही होते हैं जो दूसरों की बातों पर नहीं खुद की मेहनत पर भरोसा रखते हैं।

Quote - 195

खुद को इतना मजबूत बनाओं कि कोई चाह कर भी आपको अपने लक्ष्य से दूर न कर पाएं।

Quote - 196

मंजिल पर आधे रास्ते से वापस मत लौटो क्योंकि वापस लौटने पर भी आपको फिर से आधा रास्ता तय करना पड़ेगा।

Quote - 197

यदि आपकी जिंदगी में कोई संघर्ष नहीं है तो इसका अर्थ यह है कि आपकी कोई प्रगति भी नहीं है।

Quote - 198

जिंदगी में सफल होने के लिए दो चीजों का होना बहुत ज्यादा जरूरी है पहला सहनशक्ति और दूसरा समझ शक्ति यदि यह दोनों चीजें आपके पास है तो आपकी सफलता बहुत दूर नहीं।

Quote - 199

जिंदगी में एक बात हमेशा याद रखना कि बेहतरीन दिनों के लिए पहले बुरे दिनों से लड़ना पड़ता है।

Quote - 200

उस जगह पर हमेशा खामोश रहना जहां बेकार लोग अपनी हैसियत के गुण गाते हैं। ऐसी कोई भी मंजिल नहीं है जहां तक पहुंचने का कोई रास्ता ना हो।

Quote - 202

वहां तूफान भी हार जाते हैं जहां कश्तियां जिद पर होती है।

Quote - 202

यह जरूरी नहीं कि आप हर फील्ड में अच्छे हो लेकिन कोई ऐसी फील्ड हो जिसमें आप सबसे बेहतर हो और आप से बेहतर उस फिल्ड में और कोई ना कर सके!

Quote - 203

तुम्हें तुम्हारे सारे प्रश्नों के उत्तर मिल जाएंगे लेकिन इसके लिए तुम्हें ये सारे प्रश्न स्वयं से करने होंगे।

Quote - **204**

बीते हुए कल के बारे में मत सोचो, आने वाले कल की चिंता छोड़ दो सिर्फ अपने वर्तमान को बेहतर बनाओं तुम्हारा भविष्य स्वयं बेहतर बन जाएगा।

Quote - 205

मुस्कुराना जिंदगी का वह खूबसूरत लम्हा है.. जिसका अंदाज सब रिश्तो से अलबेला है,

जिसे मिल जाए वह तनहाई में भी खुश है, जिसे ना मिले वह भीड़ में भी अकेला है।

Quote - 206

वक़्त के फैसले कभी गलत नहीं होते लेकिन उसे साबित होने में वक्त लगता है।

Quote - 207

अगर तुम्हारे इरादों में दम है तो यह बात याद रखना कि तुम्हारी मेहनत कभी धोखा नहीं देगी।

Quote - 208

ढूंढ़ोगे अगर तो ही रास्ता मिलेगा क्योंकि मंजिल की फितरत है खुद चलकर कभी नहीं आती।

Quote - 209

जो अपने सपनों को पूरा करने का जिगर रखते हैं वही लोग रातों को जागा करते हैं। न रुकना है, ना थकना है बस चलते रहना है।

Quote - 212

अगर आपको जीवन में ऊपर उठना है तो गिरने का भय अपने दिल से निकाल फेंको।

Quote - 213

जो लोग अपने लक्ष्य में आने वाले संघर्ष को झेल नहीं पाते अक्सर वही लोग अपने भाग्य को कोसते हैं।

Quote - 214

यदि आप किसी काम के बारे में केवल सोचते रहते हैं तो आप कभी भी सफलता हासिल नहीं कर सकते इसके लिए आपको उस काम में डूब जाना होगा।

Quote - 215

सिर्फ अपनी खुद के मेहनत पर भरोसा करिए।

Quote - 216

किसी भी इंसान को सफलता रातो-रात नहीं मिलती इसके लिए उसने अपने कल की कुर्बानी जरूर दी है।

Quote - 217

महानता उसमें नहीं है कि आप कभी गिरे ही नहीं,बल्कि महानता उसमें है कि आप बार - बार गिरकर भी उठ खड़े हो।

Quote - 218

अपनी गलती को स्वीकार करना सफल लोगों की एक खास पहचान है।

Quote - 219

अपने खुद के सपनों के पीछे इतना भागों की एक दिन तुम्हें पाना भी किसी का सपना बन जाए।

Quote - 220

यदि आप अपने कल को आसान बनाना चाहते हैं तो इसके लिए आपको अपने आज में कड़ी मेहनत करनी पड़ेगी।

इस दुनिया में रोशनी फैलाने के दो ही तरीके हैं, या तो स्वयं ही दीपक बन जाओ या उस दीपक के प्रकाश को फैलाने वाला दर्पण।

Quote - 222

बीते हुए समय को भले ही भूल जाओ लेकिन अपने बीते हुए कल की गलतियों से मिली शिक्षा को कभी मत भूलना।

Quote - 223

यदि आपको अपने आप पर विश्वास है तो आपके रास्ते में कितनी ही बड़ी समस्या क्यों न आ जाए वह आपको सफल होने से नहीं रोक सकता।

Quote - 224

इस दुनिया की बड़ी से बड़ी समस्या को भी आप पार कर सकते हैं यदि आपको अपने आप पर विश्वास है।

Quote - 225

जिस दिन किसी को भी आपको अपना परिचय न देना पड़े समझ जाना कि आप कामयाब है।

Quote - 226

इस दुनिया का कोई भी इंसान पूर्ण नहीं है हर एक इंसान में कुछ ना कुछ कमियां होती है, लेकिन हर एक इंसान में कुछ ना कुछ ऐसी काबिलियत भी होती है, जो दुनिया के किसी भी दूसरे इंसान में नहीं होता, लेकिन बस फर्क

सिर्फ इतना है कि कुछ अपनी काबिलियत को पहचान पाते हैं तो कुछ अपनी काबिलियत को पहचान नहीं पाते।

Quote - 227

जिसका लक्ष्य जितना बड़ा होगा उसके लिए उसे उतनी ही ज्यादा मेहनत करनी पड़ेगी।

Quote - 228

इस दुनिया की हमेशा यही रीत है कि आपके अच्छे कर्मों को कोई याद नहीं रखेगा, लेकिन आपके बुरे कर्मों को लोग हमेशा याद रखेंगे।

इसलिए लोग क्या कहेंगे इस बात पर ध्यान मत दो तुम सिर्फ अपना कर्म पूरे शिद्दत के साथ करते रहो।

Quote - 229

सफलता के मार्ग में कठिनाइयों का आना बहुत जरूरी है क्योंकि ये कठिनाइयां ही आपको सफलता के महत्व के बारे में बताती है।

Quote - 230

यदि आप बात ज्यादा करते है और काम कम करते हैं तो यह आपकी एक बहुत बड़ी कमी है, क्योंकि ज्यादा बात करने वाले लोग कभी सफल नहीं हो पाते और सफल लोग कभी ज्यादा बात नहीं करते।

यदि आप अपने मन को नियंत्रण में नहीं रख सकते तो यह आपके शतु से कम नहीं है।

Quote - 232

यह दुनिया जरूरत के आधार पर चलती है आप इस बात को जितनी जल्दी समझ लेंगे आपकी जिंदगी उतनी ही आसान हो जाएगी।

Quote - 233

अपनी जिंदगी में वो मुकाम हासिल करो जहां लोग तुम्हें block नहीं Search करें।

Quote - 234

रास्ते में अगर बाधाएं आए तो कभी घबराना नहीं क्योंकि चमकता वही है जो घिस गया हो।

Quote - 235

मन की शांति से बड़ी दौलत इस दुनिया में कुछ भी नहीं है।

Quote - 236

बेशक जीतने वाला जानता है 'सफलता के गुण 'मगर गलतियां कहां होती है ये सिर्फ हारने वालों को ही पता होता है।

Quote - 237

अपने जीवन के निर्माता हम खुद हैं, कोई हमें बना या बिगाड़ नहीं सकता।

Quote - 238

आपकी सोच ही आपको बड़ा बनाती है, यदि आप गुलाब की तरह खिलना चाहते हैं तो आप को कांटों के साथ तालमेल रखने की कला सीखनी ही होगी।

Quote - 239

रात के अंधेरे में चमकने का हुनर सीख लो, क्योंकि सुर्य की रोशनी में तो हर कोई चमकता है।

Quote - 240

बिस्तर से इतना प्यार भी मत करो कि 'मंजिल 'ख्वाब बनकर रह जाए क्योंकि जो लोग अपनी मंजिल के लिए पागल होते हैं वे कभी देर तक सोया नहीं करते।

दुनिया को नहीं अपने आप को बदलने का प्रयास करो यदि तुमने खुद को बदल दिया तो ये दुनिया अपने आप बदल जाएगी।

Quote - 242

जीवन जीना आसान नहीं होता और बिना संघर्ष के कोई महान नहीं होता, जब तक पत्थर पर न पड़े हथौड़े की चोट, पत्थर का भी कोई आकार नही होता।

Quote - 243

जिंदगी में अहमियत भी उसी को दो, जो तुम्हारी कद्र करता हो!

Quote - 244

जो इंसान धैर्य रखना जानता हो, उसके जीवन में खुशियों की कमी कभी नहीं होती।

Quote - 245

अगर जीवन में खुश रहना चाहते हो, तो लोगों की बातों पर कम और अपने काम पर ज्यादा ध्यान दो।

Quote - 246

जिस जिंदगी में उत्साह लक्ष्य और अनुशासन ना हो, उसे जिंदगी जीना नहीं, जिंदगी काटना कहते हैं।

Quote - 247

जिंदगी में थोड़ा सुकून भी ढूंढिए जनाब क्योंकि इंसान की जरूरतें कभी खत्म नहीं होती।

Quote - 248

बात जब संघर्ष और मेहनत करने की आती है तो अच्छे-अच्छे अपने कदम पीछे खींच लेते हैं, लेकिन जो संघर्ष और मेहनत के साथ आगे बढ़ता रहता है सफलता उन्हीं को मिलती है।

Quote - 249

जनाब दुनिया में मेहनत की सबसे अच्छी दवा है 'जिम्मेदारी ', एक बार पी लीजिए, जिंदगी भर आपको थकना नहीं देती।

इंसान को ये 6 चीजें बर्बाद कर देती है - नींद, गुस्सा, डर, थकान, आलस्य और काम टालने की आदत।

Quote - 251

मित्र वहीं जो भीड़ में खोने ना दे, और लक्ष्य वहीं जो रात को सोने ना दे।

Quote - 252

बिना हार माने लगातार मुसीबतों से लड़ते हुए, अपने सपनों के लिए मेहनत करना ही सफलता की कुंजी है।

Quote - 253

अगर आप सफलता प्राप्त करना चाहते हैं तो आपको अपने सुख और आलस्य को त्यागना पड़ेगा!

Quote - 254

हर बड़ी कामयाबी समय मांगती है, इसलिए समय का साथ कभी ना छोड़े।

Quote - 255

कौन कहता है कि Nature और Signature कभी नहीं बदलता अगर चोट ऊँगली पर लगे तो Signature बदल जाता है और अगर दिल पर लगे तो Nature!

Quote - 256

किसी दूसरे का टाइमपास बनने से अच्छा है कि अपने करियर पर ध्यान दो।

Quote - 257

ख्वाब जितने बड़े और ऊंचे होते हैं इम्तिहान भी उतने ही जबरदस्त होते हैं।

Quote - 258

हर वक्त दिल में जीतने का जज्बा होना चाहिए, क्योंकि किस्मत बदले ना बदले वक़्त जरूर बदलता है।

Quote - 259

जिद जब जीत की हो जाए तो घाव मायने नहीं रखता। ऊंचे ख्वाबों के लिए दिल की गहराई से काम करना पड़ता है, यूंही नहीं मिलती सफलता मेहनत की आग में दिन-रात जलना पड़ता है।

Quote - 261

जो अपना है वह कभी तुम्हें छोड़कर नहीं जाएगा, और जो तुम्हें छोड़कर चला गया वह कभी तुम्हारा अपना था ही नहीं।

Quote - 262

कितने लोग आपको जानते हैं यह मायने नहीं रखता लेकिन जो भी आपको जानते हैं वह किस वजह से आपको जानते हैं यह बहुत मायने रखता है!

Quote - 263

अपनी मेहनत को तब तक सीक्रेट रखो जब तक आपको सफलता ना प्राप्त हो जाये।

Quote - 264

खुद को किसी एक लक्ष्य से जोड़ो जो आपको हर रोज सुबह उठने पर मजबूर कर दे।

Quote - 265

अच्छा जीवन जीने के लिए अमीर ना हो तो भी चलेगा लेकिन अच्छा चरित्र और अच्छा जमीर होना आवश्यक है।

Quote - 266

अपने दर्द को अपना Motivation बनाओ फिर देखो कौन रोकता है तुमको Successfull होने से।

Quote - 267

थोड़ा वक्त जरूर लगेगा जनाब लेकिन अपनी किस्मत हम खुद लिखेंगे।

Quote - 268

जीत के खातिर बस जुनून चाहिए जिसमे उबाल हो ऐसा खून चाहिए, ये आसमान भी आएगा जमीन पर बस इरादों में जीत की गुंज चाहिए।

Quote - 269

अगर तुम अपने सपनो को पाने के लिए लड़ नहीं सकते तो इस बात पर कभी मत रोना कि किस्मत ने तुमको क्या दिया।

जिंदगी में जो चाहिए आपको वो मिलेगा बस आपको खुद पर विश्वास होना चाहिए।

Quote - 271

अगर तुम Strees को झेल नहीं सकते, तो तुम Success के भी काबिल नहीं हो सकते।

Quote - 272

किसी के जैसा बनने की कोशिश कभी मत, करना खुद को ऐसा बनाओ कि लोग कहे मुझे उसके जैसा बनना है।

Quote - 273

खूबी और खामी दोनों ही होती है हर इंसान में लेकिन जो तराशता है उसे खूबी ही नजर आती है और तलाशता है उसे खामी।

Quote - 274

गुरु आपको शिक्षा दे सकता है लेकिन उस शिक्षा का उपयोग कैसे करना है यह आप पर निर्भर है।

Quote - 275

इस दुनिया का सबसे कीमती गहना परिश्रम है और जिंदगी का सबसे अच्छा साथी आत्मविश्वास है।

Quote - 276

कयामत तक धरने पर बैठे ए किस्मत, मैं कोशिशों से कभी इस्तीफा नहीं दूंगा।

Quote - 277

जो उड़ने का शौक रखते हैं मेरे दोस्त वे कभी गिरने का खौफ नहीं रखते।

Quote - 278

पेड़ पर बैठा पंछी कभी भी डाली के हिलने से नही घबराता, क्योंकि पंछी को डाली पर नहीं अपने पंखो पर भरोसा होता है।

Quote - 279

संघर्ष और धैर्य के साथ ही बड़ी मंजिल को हासिल किया जा सकता है।

सफलता की प्यास को सिर्फ कड़ी मेहनत से निकला पसीना ही बुझा सकता है।

Quote - 281

देर लगेगी मगर सही होगा तुम्हें जो चाहिए वही होगा, दिन बुरे हैं ये 'जिंदगी 'नहीं!

Quote - 282

जो हिम्मत हार जाते हैं उनको रास्ते छोटे नजर आते हैं लेकिन जो आखरी दम तक लड़ने के लिए तैयार होते हैं उनके लिए रास्ते कभी खत्म नहीं होते।

Quote - 283

कल के लिए सबसे अच्छी तैयारी यही है कि आज अच्छा करो।

Quote - 284

कभी-कभी खुद के लिए भी सोचा करो जनाब क्योंकि हैसियत के इस जमाने में खैरियत कोई नहीं पूछता।

Quote - 285

अगर रास्ते पर चलते-चलते मंजिल का ख्याल ना आए तो समझ लेना तुम सही रास्ते पर हो!!

Quote - 286

जिंदगी की इस जंग में जीतने का मजा तब है जब लोग आपके हारने का इंतजार कर रहे हो!!

Quote - 287

मायूस ना हो मेरे दोस्त वजूद तेरा छोटा नहीं तू वो कर सकता है जिसे किसी ने सोचा तक नहीं!!

Quote - 288

जीवन में सफल होने के लिए उस हर एक चीज से नाता तोड़ो जो तुम्हें सफल होने से रोक रही है।

Quote - 289

जो हो गया उसे भूल जाओ और एक नई शुरुआत करो।

नई शुरुआत इंसान को जरूर डराती है मगर याद रखो, सफलता मुश्किलों को पार करने पर ही मिलती है।

Quote - 290

रेस चाहे गाड़ी की हो या जिंदगी की जीतते वहीं लोग हैं जो समय पर गियर चेंज करते हैं।

बस इतना चाहिए तुझसे ऐ जिंदगी,कि जमीन पर बैंठु तो लोग उसे बड़प्पन कहे, औकात नहीं।

Quote - 292

खुद को इतना बेहतर काबिल बनाओ कि लोगों को आपकी औकात नापते - नापते पसीने छूट जाएं।

Quote - 293

खुद को इतना Perfect बनाओ कि जिसने भी आपको ठुकराया है वो आपकी एक झलक देखने के लिए तरस जाए।

Quote - 294

दुनिया को जिससे कोई उम्मीद नहीं होती, अक्सर वही लोग कुछ कमाल कर जाते हैं।

Quote - 295

जो बिना ठोकर खाए मंजिल तक पहुंच जाते हैं उनके हाथ अक्सर अनुभव से खाली रह जाते हैं।

Quote - 296

गिरे हुए पत्तों ने भी एक बात सिखाया अगर बोझ बन जाओगे तो अपने ही गिरा देंगे।

Quote - 297

जिंदगी के इस खेल में हार न मानना ही जीतने की पहली शर्त है!!

Quote - 298

खुद से जीतने की जिद है मुझे, मुझे खुद को ही हराना है। मैं भीड़ नहीं हूं इस दुनिया का, मेरे अंदर ही एक जमाना है।

Quote - 299

बड़ी ही अजीब बात है लेकिन दुनिया की कड़वी सच्चाई है।

सफल होते ही दुनिया आपके भीतर अनेक खूबियां ढूंढ लेती है और असफल होते ही हजार कमियां...

Quote - 300

लोग वक्त मांगने को तरसेंगे तुम खुद पर वक्त तो लगाओ!!

Quote - 301

यह जिंदगी आपको बहुत कुछ देने के लिए तैयार है लेकिन शर्त है कि उसके लिए पहले आपको काबिल बनना पड़ेगा!!

ये पेड़ हमें सिखाता है बस अपने लक्ष्य पर ध्यान दो फिर सामने पत्थर आये या पहाड़ तुम बस आगे बढ़ते रहो।

Quote - 302

"जो व्यक्ति थोड़े में ही खुश रहता है सबसे अधिक खुशी उसी के पास होती हे इसलिए आपके पास जितना है उसी में खुश रहिए"

Quote - 303

"मनुष्य का सबसे बड़ा शतु है 'क्रोध' इसलिए मनुष्य को अपने क्रोध पर नियंत्रण रखना चाहिए"

Quote - 304

"संदेह और शक की आदत सबसे ज्यादा भयानक होती है क्योंकि यह किसी भी रिश्ते को बर्बाद कर सकता है"

Quote - 305

"दुनिया में तीन चीज जो कभी भी लंबे समय तक छुप नहीं सकती, वह है सुर्य, चंद्रमा और सत्य यही ब्रह्मांड का अटल सत्य है"

Quote - 306

"एक पल एक दिन को, एक दिन एक जीवन को और एक जीवन इस पूरी दुनिया को बदल सकता है।"

Quote - 307

"क्रोध को प्यार से, बुराई को अच्छाई से,स्वार्थ को उदारता से और झूठे व्यक्ति को सच्चाई से जीता जा सकता है"

Quote - 308

"जिस व्यक्ति का मन शांत होता है, जो व्यक्ति बोलते और अपना काम करते समय शांत रहता है वह वही व्यक्ति होता है जिसने सत्य को पा लिया है।

Quote - 309

"अज्ञानी व्यक्ति एक बैल के समान है वह ज्ञान में नहीं बल्कि आकार में बढ़ता है"

Quote - 310

"क्रोध को पाले रखना गर्म कोयले को किसी और पर फेंकने की नियत से पकड़े रहने के समान है इसमें मनुष्य स्वंय जलता रहता है"

Quote - 311

"अगर आप अंधेरे में डूबे हुए हैं तो आप रोशनी की तलाश क्यो नही करते"

Quote - 312

"एक जागे हुए व्यक्ति को रात बड़ी लंबी लगती है, एक थके हुए व्यक्ति को मंजिल बड़ी दूर नज़र आती है इसी तरह सच्चे धर्म से बेखबर, मूर्खो के लिए जीवन- मृत्यु का शिलशिला भी उतना ही लंबा होता है

Quote - 313

"जो व्यक्ति 50 लोगों से प्यार करता है उसके पास खुश रहने के लिए 50 कारण होते हैं। और जो व्यक्ति किसी से प्यार नहीं करता उसके पास खुश रहने का कोई कारण नहीं होता है"

Quote - 314

"ज्ञान ध्यान से पैदा होता है ओर ध्यान के बिना ज्ञान खो जाता है इसलिए ज्ञान की प्राप्ति और हानि के इस दोहरे मार्ग को जानकर, व्यक्ति को खुद को इस तरह साधना चाहिए कि ज्ञान में वृद्धि हो"

Quote - 315

"अकेले रहना बहुत अच्छा है, बजाय उन लोगो के साथ के जो आपके प्रगति के मार्ग में बाधा डालते हैं"

Quote - 316

"हर दिन एक नया दिन होता है इससे कोई फर्क नहीं पड़ता कि बीता हुआ कल कितना मुश्किल था हर दिन का एक नया सवेरा एक नई उम्मीद लेकर पैदा होता है"

Quote - 317

"तुम अपने भविष्य की चिंता मत करो वर्तमान में जीओ और अपने वर्तमान को सुधारो तुम्हारा भविष्य अपने आप सुधर जाएगा"

Quote - 318

"अगर आप उन चीजों की कद्र नहीं करते जो आपके पास है, तो फिर आपको खुशी कभी नहीं मिलेगी"

Quote - 319

"सच्चाई को अपनी जमीन बनाएं, सच्चाई को अपना घर बनाएं क्योंकि दुनिया में इससे बड़ा कोई घर नहीं है"

Quote - 320

"आपका काम है अपनी पसंद के काम को खोजना, अपनी पसंद के काम को खोजें और जब वह मिल जाए तो खुद को उस काम में पूरी तरह से लगा दो, यही सफ़लता का मार्ग है"

Quote - 321

"आपके बड़े से बड़ा दुश्मन भी आपको उतना नुकसान नहीं पहुंचा सकता, जितना नुकसान आपके अनियंत्रित विचार आपको पहुंचाते हैं"

Quote - 322

"जब किसी के संगत से आपके विचार शुद्ध होने लगे तो आप समझ लीजिए की वह कोई साधारण व्यक्ति नहीं है"

Quote - 323

"एक जलते हुए दीपक से हजारों दीपक रोशन किया जा सकता है फिर भी उस दीपक की रोशनी कम नहीं होती ठीक उसी प्रकार खुशियां बांटने से बढ़ती है न कि कम होती है"

Quote - 324

"हमारी इच्छाएं हमारे सभी दुखों का कारण है इसलिए अगर इच्छाओं को मार दिया जाए तो सभी दुखों का अंत हो जाएगा"

Quote - 325

"हमारे जीवन का सबसे बड़ा उपहार 'स्वास्थय' है, सबसे बड़ा धन 'संतोष' है और वफादारी सबसे बड़ा संबध है"

Quote - 326

"मनुष्य अपने जन्म से नहीं बल्कि अपने कर्मो से शुद्ध होता है"

Quote - 327

"जो व्यक्ति दूसरो से प्यार नहीं करता है उसके पास खुश रहने का कोई भी कारण नही होता"

Quote - 328

"आप जैसा सोचते हैं आप बिल्कुल वैसे ही बनते हैं इसलिए अच्छा बनने के लिए हमेशा अच्छा सोचिए"

Quote - 329

"जो व्यक्ति अपने जीवन को ईमानदारी से जीता है उसे मृत्यु से भय नहीं लगता यही जीवन का सत्य है"

Quote - 330

"अगर आप अंधेरे में डूबे हुए हैं तो आप रोशनी की तलाश कीजिए अवश्य ही वह आपको अंधेरे से निकाल लाएगा"

Quote - 331

"जो व्यक्ति नाराजगी युक्त विचारों से मुक्त रहता है वह व्यक्ति जीवन में शांति पाता है"

Quote - 332

"अतीत में ध्यान केंद्रित मत कीजिए और ना ही भविष्य के लिए सपना देखिए बल्कि अपने दिमाग को वर्तमान क्षण में केंद्रित कीजिए यही खुश रहने का मार्ग है"

Quote - 333

"जिस प्रकार लापरवाह रहने पर घास जैसी नरम चीज भी हाथ को घायल कर देती है उसी प्रकार जीवन के प्रति लापरवाह होने पर जीवन बेकार हो जाता है"

Quote - 334

"अगर आप दूसरों के लिए दिया जलाते हैं तो यह दिया आपके रास्ते को भी रोशन करता है"

Quote - 335

"नफरत से नफरत ही फैलती है,नफरत को प्रेम से ही खत्म किया जा सकता है यही शाश्वत सत्य है"

Quote - 336

"शक एक लाइलाज बीमारी है यह अच्छे से अच्छे रिश्ते को भी पल भर में नष्ट कर सकता है"

Quote - 337

"सत्य के मार्ग पर चलते हुए कोई व्यक्ति दो ही गलतियां कर सकता है एक पूरा रास्ता तय न करना करना और दूसरा इसकी शुरुआत ही न करना"

Quote - 338

"अगर आप अत्यंत क्रोधी है तो यह बात याद रखिए कि आप अपने क्रोध के लिए दंड नहीं पाओगे आप अपने क्रोध के द्वारा दंड पाओगे इसलिए अपने क्रोध को बस में रखिए"

Quote - 339

"जिसने अपने मन को वश में कर लिया उसने शांति को प्राप्त कर लिया"

Quote - 340

"मनुष्य कितना ही गोरा क्यों ना हो परंतु उसकी परछाई हमेशा काली होती है इसलिए यह अहंकार मत कीजिए कि सिर्फ मैं ही श्रेष्ठ हूं"

Quote-341

"जब आपका अंधविश्वास आपकी शिक्षा पर हावी होने लगे तो समझ लीजिए आप मानसिक गुलाम बन रहे हैं"

Quote-342

"जिस प्रकार एक मजबूत चट्टान हवा से प्रभावित नहीं होता, उसी प्रकार एक बुद्धिमान व्यक्ति अपनी प्रशंसा या आरोपों से विचलित नहीं होता है"

Quote - 343

"जो व्यक्ति सिर्फ बोलता रहता है वह ज्ञानी नहीं कहलाता बल्कि जो व्यक्ति शांतिपूर्ण, प्रेमपूर्ण और निर्भय है वास्तव में वही ज्ञानी है"

Quote - 344

"दुनिया में अज्ञान सबसे बड़ा अंधकार है इसलिए ज्ञान की तलाश कीजिए तभी आप अंधकार से बाहर निकल पाएंगे"

Quote - 345

"विश्वास के बिना प्रेम असंभव है और प्रेम के बिना ईश्वर का मिलना भी असंभव है"

Quote - 346

"अगर आप अशांत है तो इसे बाहर ढूंढने की कोशिश मत कीजिए, बल्कि इसे अपने अंदर ढूंढिए"

Quote - 347

"अगर आप सच में स्वयं से प्रेम करते हैं तो आप कभी भी दूसरों को दुख नहीं पहुंचा सकते"

Quote - 348

"हजारों खोखले शब्दों को बोलने से अच्छा है एक वो शब्द, जो शांति लाये"

Quote - 349

"मंजिल और लक्ष्य को पाने के लिए यात्रा अच्छी होनी चाहिए"

Quote - 350

"दुनिया में कोई भी चीज कितनी भी कीमती क्यों ना हो लेकिन नींद, आनंद और शांति से कीमती कुछ भी नहीं"

Quote - 351

"जिस प्रकार बूंद-बूंद पानी से घड़ा भरता है उसी प्रकार एक बुद्धिमान व्यक्ति थोड़े-थोड़े ज्ञान को इकठ्ठा करके बुद्धिमान बनता है"

Quote - 352

"दुनिया नहीं जानती कि हम सभी का अंत यहीं पर होना है। लेकिन जो लोग इस सच को जानते हैं उनके सारे झगड़े एक ही बार में खत्म हो जाते हैं"

Quote - 353

"जिस व्यक्ति का मन एकाग्र होता है वही चीजों को उनके सही स्वरूप में देख पाता है"

Quote - 354

"हमें अपने द्वारा की गई गलतियों की सजा भले ही तुरंत ना मिले लेकिन समय के साथ कभी ना कभी अवश्य मिलती है"

Quote - 355

"आपके पास जो कुछ भी है उससे बड़ा चढ़ाकर मत कहिए और ना ही दूसरों से ईर्ष्या कीजिए। जो व्यक्ति दूसरों से ईर्ष्या करता है उसे मन की शांति कभी नहीं मिलती"

Quote - 356

"अपने शरीर को स्वस्थ रखना आपका कर्तव्य हैं क्योंकि स्वस्थ शरीर में ही शांत मन का वास होता है"

Quote - 357

"वह व्यक्ति जिसने खुद पर नियंत्रण हासिल कर लिया हो तेजस्वी, स्पष्ट और सच्चा है वही व्यक्ति एक बुद्धिमान व्यक्ति है"

Quote- 358

"देखते समय सिर्फ देखें सुनते समय केवल सुनें महसूस करते समय सिर्फ महसूस करें और सोचते समय केवल सोचें यही वास्तविक कर्म है।"

Quote - 359

"दुनिया हमेशा से प्रशंसा करने और दोष निकालने का रास्ता ढूंढती आई है हमेशा यही होता आया है और यही होता रहेगा"

डॉ संदीप कुमार एस

लेखक, विचारक, प्रेरक वक्ता, शोधार्थी और विश्व के सबसे बड़े युवा लेखक

Quote - 360

"अगर कोई काम करने लायक है, तो उसे पूरे मन से करो तभी उसमें आपको सफलता प्राप्त होगी"

Quote - 361

"एक बात याद रखो कि स्वयं के अलावा किसी की शरण में मत जाओ

Quote - 362

"सभी प्रेम नहीं मांगते कुछ तुमसे तुम्हारी पीड़ा भी मांगते है मांगने वाले हर व्यक्ति भी भिक्षुक नहीं होते"

Quote - 363

"आप अपने विचारों को बदले निश्चित रूप से यह विचार आपके जीवन को बदल देंगे"

Quote - 364

"इस संसार में सत्य ही एकमात्र है जो अनन्त है इसके अलावा सभी का अंत तय है"

Quote - 365

"आप अपना भविष्य नहीं बदल सकते लेकिन आप अपनी आदतों को बदल सकते हैं और निश्चित रूप से ये आदतें आपका भविष्य बदल देगी"

Quote - 366

"अगर समस्या का समाधान किया जा सकता है तो चिंता मत किजिए और उसका समाधान कीजिए और अगर समस्या का समाधान नहीं किया जा सकता तो व्यर्थ की चिंता मत कीजिए यह आपको कोई फायदा नहीं पहुंचाएगा"

Quote - 367

"हजारों साल बिना समझदारी के जीने से कहीं अच्छा है,एक दिन समझदारी के साथ जीना" जन्मदाता को शत-शत नमन

Quote - 368

"अगर शक्ति चाहिए तो ज्ञान हासिल करो अगर सम्मान चाहिए तो अपने चरित्र को शुद्ध करो"

Quote - 369

"सच्चाई को अपनी जमीन और घर बनाएं क्योंकि दुनिया में इससे बड़ा कोई घर नहीं है"

Quote - 370

"कोई भी व्यक्ति अपने कर्मो से महान बनता है जन्म से नहीं"

Quote - 371

"स्वयं के मन पर विजय प्राप्त करना लाखों शत्रुओं पर विजय प्राप्त करने से बेहतर है"

Quote - 372

"परमात्मा कभी किसी का भाग्य नही लिखते बल्कि मनुष्य की सोच, व्यवहार और उसका कर्म उसका भाग्य लिखते है"

Quote - 373

सिर्फ अपने कर्म पर भरोसा किजिए जो आपको आपके सपने को पूरा करने के लिए जिम्मेदार होते है"

Quote - 374

"आपकी खुशी इस पर निर्भर नहीं करती कि आपके पास क्या है बल्कि आपकी खुशी इस पर निर्भर करती है कि आप क्या सोचते हैं"

Quote - 375

"हमें हमारा जीवन तब कठिन लगने लगता है जब हम स्वयं को बदलने की बजाय परिस्थितियों को बदलने का प्रयास करते हैं"

Quote - 376

"अगर आप अपने लक्ष्य में कामयाब होना चाहते हैं तो खुद पर विश्वास रखना आवश्यक है"

Quote - 377

"अगर आप बुराई से दूर रहना चाहते हैं तो इसका एक ही मार्ग है आप अपने जीवन में अच्छे विचारों को आने दीजिए"

Quote - 378

"इस संसार में कोई भी चीज कभी भी अकेले मौजूद नहीं हो सकती हर एक चीज का संबंध दूसरी चीजों से होता है"

Quote - 379

"अगर आप सही दिशा है में है तो चिंता मत कीजिए बल्कि उस दिशा में चलते रहें ऐसा करने से अवश्य ही आप अपने लक्ष्य को प्राप्त कर लेंगे"

Quote - 380

"यदि मनुष्य शुद्ध जीवन जीते है तो कोई भी चीज उसे नष्ट नहीं कर सकती"

Quote - 381

"जीवन में धैर्य अत्यंत महत्वपूर्ण है क्योंकि यह बात हमेशा याद रखिए कि बूंद - बूंद पानी से ही घड़ा भरता है"

Quote - 382

"अगर आपका स्वयं पर संपूर्ण नियंत्रण है, तो आपको वह असाधारण क्षमता हासिल होगी, जिसे इस दुनिया में बहुत कम लोग ही हासिल कर पाते हैं"

Quote - 383

"इस पूरी दुनिया में सबसे ज्यादा कीमती है 'समय' इसलिए इसे बर्बाद ना करें नहीं तो अंत में आपको पछतावे के अलावा कुछ नहीं मिलेगा"

Quote - 384

"जो व्यक्ति लगातार शिकायत करता रहता है वास्तव में वह जिंदगी में कभी खुश नहीं रह सकता"

Quote - 385

"यदि आप दिशा नहीं बदलते हैं तो संभवत: आप वहीं पहुँच जायेंगे जहाँ आप जाना चाहते हैं"

Quote - 386

"सब कुछ समझने का अर्थ है सबकुछ माफ़ कर देना"

Quote - 387

"प्रसन्नता का कोई मार्ग नहीं है बल्कि प्रसन्नता ही एक मार्ग है"

Quote - 388

“इस दुनिया में जूनून जैसी कोई आग नहीं है, मूर्खता जैसी कोई जाल नहीं है, नफरत जैसा कोई दरिंदा नहीं है, और लालच जैसी कोई धार नहीं है”

Quote - 389

“पहुँचने से कहीं अधिक आवश्यक ठीक से यात्रा करना है”

Quote - 390

“यदि आपकी दया आपको सम्मिलित नहीं करती तो समझ लीजिए वो अधूरा है”

Quote - 391

“शांतिप्रिय लोग आनंदमय जीवन व्यतीत करते हैं उन पर हार या जीत का कोई प्रभाव नहीं पड़ता”

Quote - 392

“जो अपने जीवन को सच्चाई और ईमानदारी के साथ जीता है उन्हें जीवन में कभी भी मृत्यु का भय नहीं होता”

Quote - 393

“जो व्यक्ति क्रोधित विचारों से मुक्त हो जाता है उसे जीवन में शांति की प्राप्ति होती है”

Quote - 394

“चाहे आप जितने भी पवित्र ग्रंथ पढ़ लें, पवित्र शब्द बोल ले और पवित्र विचार क्यो न सुन ले वे आपका कभी भला नहीं करेंगे जब तक आप उसपर अमल नहीं करते”

Quote - 395

“इस संसार में कुछ भी स्थायी नहीं है इसलिए कभी भी अहंकार न करें”

Quote - 396

"जो व्यक्ति दूसरों के लिए जीता है वह व्यक्ति कभी भी निराश और परेशान नही हो सकता"

Quote - 397

"अपने उद्धार के लिए दूसरों पर निर्भर रहने की बजाय स्वयं प्रयत्न करें"

Quote - 398

"अगर आप अपने जीवन में असफल है तो इसका ये अर्थ है कि आप अपने लक्ष्य के प्रति ईमानदार नहीं है"

Quote - 399

"आपका अतीत कितना ही कठिन क्यों न हो आप हमेशा एक नई शुरुआत कर सकते है"

Quote - 400

"अगर आप अपनी जिंदगी को बेहतर बनाना चाहते है तो आप हमेशा अच्छे लोगों की संगत में रहें"

Quote - 401

जिस प्रकार मोमबत्ती आग के बिना जल नही सकता उसी प्रकार मनुष्य भी बिना अध्यात्मिकता के नहीं जी सकता

SUCCESS QUOTES

We make most powerful quotes on daily basis only for you like life quotes, motivation quotes, inspirational quotes, success quotes. Powerful quotes that can change your life think positive, best hindi quotes that will motivate you, motivational quotes on life,, positive thinking quotes that will change your life,

Success Messages

जहां तक रास्ता दिख रहा है वहां तक चलिए
आगे का रास्ता वहां पहुंचने के बाद दिखने लगेगा...
जो हर दिन कुछ न कुछ सीखता है,
वो हमेशा जीतता है ...
परिंदों को मंज़िल मिलेगी यक़ीनन,
ये फैले हुए उनके पंख बोलते हैं,
वो लोग रहते हैं खामोश अक्सर,
जमाने में जिनके हुनर बोलते हैं।
शब्द और व्यक्ति एक ही होते है,
बस अर्थ बदल जाते है,
जो हमसे प्यार करते है उनके लिए हमेशा सही
और जो लोग दिखावा करते है,
उनके लिए हमेशा गलत।
सफल होने के 3 नियम -

खुद से वादा, मेहनत ज्यादा और मजबूत इरादा
अगर जीतना है
तो अपनी कमजोरियों को पहचान
और उस पर काम करो
याद रखना जिस लक्ष्य को आप
लगातार अपने दिमाग में रखते हैं
उसे आप जरूर पा सकते हैं।
ज़िन्दगी बहुत हसीन है,
कभी हंसाती है, तो कभी रुलाती है,
लेकिन जो ज़िन्दगी की भीड़ में खुश रहता है,
ज़िन्दगी उसी के आगे सिर झुकाती है।

सिर्फ मरी हुई मछली को पानी का बहाव चलाती है
जिस मछली में जान होती है वह अपना रास्ता खुद बनाती है
खोकर पाने का मज़ा ही कुछ और है,
रोकर मुस्कराने का मज़ा ही कुछ और है,
हार तो जिंदगी का हिस्सा है मेरे दोस्त,
हारने के बाद जीतने का मज़ा ही कुछ और है।
जो चीज आप को चैलेंज करती है
वही आपको चेंज करती है।
अभी तो असली उड़ान बाकी है,
परिंदे का इम्तिहान बाकी है,
अभी अभी तो लांघा है समुंदर,
अभी तो पूरा असमान बाकी है।

अपनी पहचान बनाओ तो ऐसी बनाओ कि
तुम्हारी पहचान किसी आधार कार्ड की मोहताज ना हो
क्यों हारता है गैर साथ नहीं है,
क्या खुद का साया भी तेरे पास नहीं,
ये हाथ जो तेरे साथी है,
तो एक अकेला काफी है।
Success Wishes सफल होने के लिए महज
एक शक्तिशाली सकारात्मक विचार ही काफी है।
अपने उद्देश्य में ईमानदारी से लगे रहना ही
सफलता का सबसे बड़ा रहस्य है
कार्य कितना भी बड़ा हो
आपके दृढ़ संकल्प के आगे बहुत छोटा पड़ जाएगा
मुश्किल वक्त का सबसे बड़ा सहारा है उम्मीद,
जो विश्वास देती है कि सब अच्छा होगा।
मूर्ख लोगों से कभी बहस नहीं करनी चाहिए
वह पहले आपको अपने स्तर पर लाएंगे
और फिर अपने अनुभव से आप को हरा देंगे
पसंद है मुझे उन लोगों से हारना,
जो मेरे हारने की वजह से पहली बार जीते हो।
जिंदगी हमें वह नहीं देती, जो हमें चाहिए होता है,
जिंदगी हमें वह देती है, जिस काबिल हम होते हैं।

आज मजाक हूं जिनके लिए कसम खाता हूं
कल उनके लिए ही एक मिसाल बनूंगा।

सफलता का नियम-

यदि आप आम की गुठली जमीन में डालते हैं तो उससे आम का ही पौधा निकलेगा, बबूल का नहीं

इसी तरह आप मेहनत का बीज बोते हैं तो सफलता की ही फसल काटेंगे।

अगर बुरी आदत समय पर ना बदली जाए

तो बुरी आदत समय बदल देती है।

Your future comes from what you are doing today

Get up and make your future better by improving your today.

आपका भविष्य उससे बनता है जो आप आज कर रहे हैं

उठिए और अपने आज को बेहतर बना कर अपने भविष्य को बेहतर बनाइए।

कोई काम कितना ही कठिन क्यों ना हो

ज़िद और विश्वास से जरूर पूरा किया जा सकता है

कार्यों को टालने की आदत आपके कीमती समय को चुराती है

यह आदत सरल कार्यों को मुश्किल और

मुश्किल कार्यों को और अधिक मुश्किल बनाती है

The habit of postponing tasks steals your precious time

This habit makes difficult tasks difficult and

Makes difficult tasks more difficult

हर फील्ड में सफलता इस बात पर निर्भर करती है कि

आप किस तरह अपने काम को बाकी लोगों से

सरल आसान और बेहतर तरीके से करते हैं

Success in every field depends on

How do you do your work with

Simple easy and better way compared to others

कमजोर लोग तब रुकते हैं जब वह थक जाते हैं,

और विजेता तब रुकते हैं जब वह जीत जाते हैं

Weak people stop when they are tired,

And the winner stop when they win.

आज से बेहतर कुछ नहीं

क्योंकि कल कभी आता नहीं

Nothing better than today

because tomorrow never comes

भाग्य को और दूसरों को दोष क्यों देना

जब सपने हमारे हैं तो कोशिश भी हमारी ही होनी चाहिए

अगर तुम जितना चाहते हो तो तुम्हें

वह करना होगा जो बाकी लोग नहीं करना चाहते

अगर उड़ना चाहते हो तो पहले उन चीजों को हटाओ

जो तुम्हें बोझ बनकर रोक रही है

अगर तुम पीछे हटना चाहते हो तो,

अपने आप से पूछना कि तुमने इस काम को शुरू क्यों किया था?

चुनौतियों को स्वीकार करो क्योंकि

इससे या तो सफलता मिलेगी या अनुभव

हर पतंग जानती है कि अंत में कचरे में जाना है, लेकिन

इससे पहले हमें आसमान छूकर दिखाना है

बस यही जिंदगी है दोस्तों

हर चीज उठाई जा सकती है, लेकिन गिरी हुई सोच नहीं

इसलिए सोच हमेशा बुलंद और ऊंची होनी चाहिए

जिसके जीवन में जितने मोड़ आएंगे वो उतना ही सफल होता चला जाता है

क्योंकि हर समस्या अपने साथ एक मौका लेकर आती है

एक तीर को पीछे क्यों खींच कर ही छोड़ा जा सकता है

जब जिंदगी आपको मुसीबतों के साथ पीछे खींच रही हो,

तब समझ लीजिए कि वह आपको बेहतर दिशा में छोड़ने वाली है

जो आसमान को छूने की हसरत रखते हैं वो

जमीन पर पड़ने वाले कदमों के निशान गिना नहीं करते

ज्यादातर अमीर लोग खुद बहुत ही स्मार्ट नहीं होते लेकिन उन्हें पता है

किस तरह से ही स्मार्ट लोगों को इस्तेमाल करके काम करवाया जाता है।

कभी मायूस मत होना दोस्तों

जिंदगी कहीं से भी अच्छा मोड़ ले सकती है

भाग्य के दरवाजे पर सर पीटने से बेहतर है, कि कर्म का तूफ़ान पैदा करें

सारे बंद दरवाजे खुद-बखुद खुल जाएंगे

सफलता चलकर नहीं आती हमें उस तक पहुंचना पड़ता है,

घड़ी की सुई हमेशा अपने नियम से चलती है,

इसीलिए सभी उसका विश्वास करते हैं,

आप भी अपने नियम से चलिए, लोग आपका भी विश्वास करेंगे।

कोई गिरने में राजी तो कोई गिराने में राजी, मगर

जो गिरकर भी संभल जातता है, वही जीता है बाजी।

नाकामिया आपको अपनी गलती सुधारने और

वापस दोगुनी ताकत से सफल होने के लिए प्रेरित करती हैं

इश्क कर लीजिए, बेइंतेहा किताबों से

एक यही है जो अपनी बातों से पलटा नहीं करते।

जितना बड़ा सपना होगा, उतनी ही बड़ी तकलीफे होंगी,

और जितनी बड़ी तकलीफे होंगी, उतनी ही बड़ी कामयाबी होगी

उस इंसान के लिए सफलता की कोई उम्मीद नहीं होती जिसका कोई निश्चित लक्ष्य नहीं होता,

जिस पर वह फोकस कर सके और शायद यही उसकी असफलता का मुख्य कारण होता है

हर रोज अपने आप को बीते हुए कल से बेहतर बनाएं।

एक दिन आप काफी बेहतर बन जाओगे।

आज मेहनत कमाई से ज्यादा करो, एक दिन

कमाई मेहनत से ज्यादा होगी

समझदार इंसान को लगता है उसे कुछ नहीं पता उसे अभी और बहुत कुछ सीखना है

और मूर्ख इंसान को लगता है उसे सब कुछ पता है और कुछ भी सीखने की जरूरत नहीं है

दूर से हमें आगे के सभी रास्ते बंद नजर आते हैं क्योंकि

सफलता के रास्ते हमारे लिए तभी खुलते हैं जब हम उनके बिल्कुल करीब पहुंच जाते हैं

एक भी दिन ऐसा मत बिताओ जिसमें आप कुछ नया ना सीखो

छोटी सी छोटी चीज सीखो लेकिन हर रोज अपने काम में कुछ नया सीखो
एक मिनट की सफलता बरसों की
असफलता की कीमत चुका देती है

जीतने वाला कोई और नहीं बल्कि वही हारने वाला होता है,
जो हारने के बाद एक बार फिर प्रयास करता है
कोशिश आखरी सांस तक करनी चाहिए,
मंजिल मिले या तजुर्बा दोनों ही लाजवाब है

सीढ़ियां तो उनके लिए होती है जिन्हें छत पर जाना है, लेकिन
जिनकी नजर आसमान पर हो, उन्हें तो रास्ता खुद बनाना है

खामोशी से बनाते रहो पहचान अपनी,
हवाएं खुद गुनगुनाएँगी नाम तुम्हारा
मंजिल भी बड़ी जिद्दी होती है और
यह केवल उन्हें ही मिलती है, जो इन्हें पाने की जिद कर लेते हैं
सफलता तब मिलती है जब आपके सपने
आपके बहानों से बड़े हो जाते हैं

मंजिले उन्हें नही मिलती जिनके ख्वाब बड़े होते है,
बल्कि मंजिले उन्हें मिलती है जो जिद पर अड़े होते है

अगर हारने से डर लगता है तो,
जितने की इच्छा कभी मत रखना

जो कहते है कि कुछ करने का समय ही नही मिलता,

वो सच क्यों नही कहते कि कुछ करने का मन ही नही करता

या कुछ करने का जज्बा नही है वक्त का दोष नही है बस

कुछ यूँ है कि खुद में ही जोश नही है याद रखो वो जो

कुछ करने का ठानते है वो जुटते है पूरी ताकत से और समय को घोल कर पी जाते है

किस उम्र में कमाया जाए किस उम्र तक पढ़ा जाए

यह शौक नहीं हालात तय करते हैं

जीवन में तकलीफ उसी को आती है जो हमेशा जिम्मेदारियां उठाने को तैयार रहते हैं

और जिम्मेदारियां लेने वाले कभी हारते नहीं या तो जीतते हैं या फिर सीखते हैं

जिंदगी वो नहीं है जो आपको मिलती हैं,

जिंदगी वो है जो आप बनाते हो।

कामयाब लोगों के चेहरों पर दो चीजें होती है,

एक साइलेंस और दूसरा स्माइल।

जिन्दगी एक खेल है, यह आप पर निर्भर है कि

आप खिलाड़ी बनना चाहते है या खिलौना।

हमें कभी हार नहीं माननी चाहिए और हमें समस्या को

हमे पराजित करने की अनुमति नहीं देना चाहिए।

जिन्हे किसी चीज का लालच नहीं होता है ना,

वो अपना काम बहुत जिम्मेदारी से करते है।

इश्क कर लिजिए बेइंतहा किताबों से,

एक यही है जो अपनी बातों से पलटा नहीं करते।

अपनी उर्जा को चिंता करने में खत्म करने से बेहतर है,

इसका उपयोग समाधान ढूंढने में किया जाए।

अगर आप बहुत सारी मुसीबतों से गुजर रहे हो तो

एक बात हमेशा याद रखें कि सितारे कभी अंधेरे के बिना नहीं चमकते।

नाकामिया आपको अपनी गलती सुधारने और वापस

दोगुनी ताकत से सफल होने के लिए प्रेरित करती है।

जिस व्यक्ति ने अपनी आदतें बदल ली, वो खुद बदल जाएगा।

और जिसने नहीं बदली, उसके साथ कल भी वही होगा जो

आज तक होता आया है।

ऊंचाई पर वह लोग पहुंचते हैं जो बदला लेने के नहीं बदलाव लाने की सोच रखते हैं

सफलता तभी मिलती है जब,

आपके सपने आपके डर से बड़े हो।

प्रिय पाठकों हम अगले संस्करण में फिर
नई रिसर्च और नई ऊर्जा के साथ फिर मिलेंगे

डॉ संदीप कुमार एस

लेखक, विचारक, प्रेरक वक्ता, शोधार्थी और
विश्व के सबसे बड़े युवा लेखक

***